世界じゅうから聖地メッカ（サウジアラビア）に集まったイスラム教の巡礼者。

「あいさつことば」と平和

この本のはじめは、アラビア語をつかう子どもたちの大きな写真をとおして「あいさつことば」と平和について、いっしょに考えてみましょう。

1

← ムクイレア　　← ムーラサッア　　　　※（右から左へ読む）

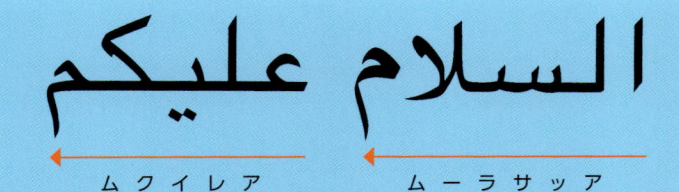

アッサラーム　アレイクム

「あなた方の上に平和（平安）あれ」

「アッサラーム　アレイクム」は、イスラム教の聖典『コーラン』で定められたあいさつことばです。返事は「ワ　アレイクムッサラーム」。どちらもアラビア語で「あなた方の上に平和（平安）あれ」という意味です。イスラム教を信じる人々は、世界じゅうにくらし、それぞれの国や地域でつかわれることばを話しています。

普段はその地域の言語をつかっていても、イスラム教徒どうしでは、コーランのことばであるアラビア語をつかって「あなた方の上に平和（平安）あれ」とあいさつしあっています。上に記した文字はアラビア文字で、右から左に読みます。次のページからイスラム圏（→p2地図）の国々の子どもたちの写真を見ていきましょう。

エジプト

◎ エジプトは、アラブ諸国（ア
ラビア語を公用語とする
国々）の中心的な国です。

◎ エジプトの人たちは、とて
も家族をたいせつにし、仲
がいいといわれています。
写真からもそのようすが伝
わってくるようです。

◎ しかし、現在もエジプトには、
パレスチナ問題などをめ
ぐって「アッサラーム　アレ
イクム」の精神とかけはなれ
た現実があります。

2

● イスラム教徒の多い国の言語と文字

凡例：
- アラビア語を公用語とする国と地域
- アラビア語は公用語ではないが、アラビア文字をつかっている国と地域
- イスラム教を信じる人が多い国と地域

『コーラン』

公用語がアラビア語の国は、エジプト
やスーダン、イラク、サウジアラビア
など20か国以上にのぼる。複雑な字
をよく覚えられるものだ。アラビア文
字をつかっている国の数は、アラビア
語を公用語にしている国よりも多い。
なぜなら、アラビア文字は、アラビア
語以外のことばを書き表すのにもつか
われるからだ。パキスタンではウルド
ゥー語を書き表すのにつかわれる。イ
スラム教の聖典である『コーラン』（写
真）は、アラビア文字で書かれたもの
以外は認められていない。そのため、
どこの国のイスラム教徒もアラビア文
字で書かれた『コーラン』を読む。

モロッコ

◎アフリカの北部にあるモロッコもイスラム教徒の多い国です。公用語は、アラビア語ですが、かつてフランスの植民地だったことから、現在、フランス語もつかわれています。あいさつことばは、フランス語の「**ボンジュール**」も一般的です。

◎そのモロッコでは、2002年頃から、イスラム過激派によるテロ活動が表面化し、しかも過激派グループは、アメリカ同時多発テロ（9.11）の犯人グループと関係が強いと見られています。

◎上の写真の敬礼する子どものなんともいえない笑顔からは、テロ活動ということばなどうかがい知れません。

イラク

◎イラクも国民のほとんどはイスラム教徒で、公用語もアラビア語です。アラビア語がつかわれるアラブ諸国のなかでも、イラクとモロッコのアラビア語には、独特の発音や単語のつかい方があるといわれています。

◎2003年3月19日、アメリカ軍とイギリス軍は、イラクが大量破壊兵器をかくしもっているとして、イラクの空爆をはじめました。5月1日には、アメリカは戦争は終わったと宣言。しかし、その後もイラクに駐留しているアメリカ兵をねらったテロ活動が続いてきました。

◎日本は、2004年に自衛隊を派遣。派遣された日本の自衛官は、イラクの子どもになんといって声をかけたのでしょうか？「**アッサラーム　アレイクム**」であったらいいなと、感じる写真です。

アフガニスタン

◎ アフガニスタンの公用語は、パシュトゥー語とダリー語です。

◎ 国民（こくみん）のほとんどがイスラム教徒で、あいさつことばは「**アッサラーム　アレイクム**」です。また、文字もアラビア文字がつかわれています。このように、アラビア文字がつかわれている範囲（はんい）は「アラブ諸国（しょこく）」よりも広く、また、アラビア文字はアラビア語以外（いがい）の言語も書き表します。

◎ アメリカ同時多発テロ（9.11→P3）の首（しゅ）謀者（ぼうしゃ）ウサマ・ビン・ラディンを、当時アフガニスタンの政権（せいけん）をにぎっていたイスラム武装勢力（ぶそうせいりょく）タリバンがかくまっているとして、アメリカはビン・ラディンの身柄引きわたし（みがら）を要求しました。タリバンがこれを拒否（きょひ）したため、アメリカは2001年10月、アフガニスタンを空爆（くうばく）しました。

◎ 写真は、2002年、気温が45度にもなる砂漠（さばく）のなかにある村の子どもたち。彼（かれ）らの上に平和あれ！

※ビン・ラディンは捕（と）らえられないまま10年がたち、2011年5月2日、アメリカ軍（ぐん）による攻撃（こうげき）で殺害（さつがい）された。

5

 **マレーシア**

◎ マレーシアの人口の約65%を占めるマレー系の人々のほとんどはイスラム教徒で、アラビア語のあいさつことばをつかっています。このほか、公用語であるマレー語の「**スラマッ　プタン**（やすらかな午後）」というあいさつことばがあります。

◎ イスラム圏の範囲は、アラブ諸国 <（より広い）アラビア文字がつかわれている国々 < イスラム協力機構と広がります。「イスラム協力機構」は主にイスラム教を国教としている国がつくる

国際機関で、マレーシアも加盟国のひとつ。

◎ 女の子がスカーフをかぶっているのは、イスラム教には女性は肌をかくすという戒律があるためです。ピースサインをしている男の子たちは、イスラム教徒には見えない筆者に向かって、「**スラマッ　プタン**」といってくれました。

「イスラム国」とは？

「イスラム国（IS）」は、イスラム教スンニ派の
過激派組織のなかでも、とくに過激な組織をさします。
2016年現在も、シリアやイラクで急激に勢力を拡大しています。

ISの特徴

近年「イスラム国（IS）」による非人道的な行為が世界を驚かせています。ISはもともと、国際テロ組織「アルカイダ」からわかれた小さな組織でしたが、近年、勢力を急激に拡大。2014年6月29日には、イラク領土内で、勝手に建国を宣言しました。これがほかのイスラム過激派組織との大きなちがいです。また、インターネットを通じ、国境を越えてISの活動を宣伝し、戦闘員を集めているのも、ISの特徴です。

ISは、占領地域の住民から取った税金や、拉致した外国人の身代金、原油の密輸による収入などを資金源として「国」の財政基盤をつくりました。

しかし、アメリカや日本をはじめどこの国も、ISを国として認めてはいません。国際社会が認めないと、正式に国とはいえません。

IS支配地域でもアッサラーム　アレイクム

ISが不法に占領した地域にも、一般の人たちが住んで生活を営んでいます。

学校にいくと、子どもたちは「**アッサラーム　アレイクム**」とあいさつをしあっています。

ただし、ISの学校の授業内容には、歴史、哲学、芸術などの教科はなく、イスラム教の聖典である『コーラン』などをつかった徹底的な思想教育がおこなわれています。武器のつかい方まで教えられているといわれています。

2015年5月、ISに制圧されたイラク中部の都市ラマーディーをのがれ、移動する人びと。

写真：ロイター／アフロ

6

「**あ**いさつことば」は、日本では、天候に関係するものが多いのですが、外国語では、宗教に関係するもの、いい日を願うもの、食事など生活に根ざすものなど、その成り立ちはいろいろです。

　この本では、世界のさまざまなあいさつことばと、そのことばを表す文字をいっしょに紹介しています。でも、外国のことばをただ覚えて、あいさつしようと提案する本ではありません。

★

　わたしがこの本をまとめた背景には、ある気持ちがありました。それは、「あいさつことばの意味と世界の子どもたちの写真を見ながら、平和について考えていただきたい」ということです。

　このため、戦争の爪痕が残る土地からの「アッサラーム　アレイクム（→巻頭特集）」や、バケツにからだ全体をすっぽりしずめて水浴びをするバングラデシュの男の子の「ノモシュカール（→p13）」などのあいさつことばを、心打たれる写真とともに掲載。

　読者のみなさんには、そうした写真を見て何かを感じながら、あいさつことばの意味を知っていただきたいと思っています。あわせて、日本人から見れば、ふしぎな文字！　それらに興味をもってほしいとも願っています。

　なお、収録した写真は、筆者が撮影したほか、写真家の方や国際機関などからご提供いただきました。ありがとうございます。

2016年7月吉日　稲葉茂勝

（→ p22）

（→ p23）

（→ p42）

世界のいろいろなあいさつことば

パート1では、1日の生活のなかでつかわれる「おはよう」「いってきます」「こんにちは」「おやすみなさい」など、いろいろな「あいさつことば」を見ていきましょう。

1 「おはよう」

●パート1（10〜31ページ）で登場する国々

ノルウェー　スウェーデン　フィンランド
デンマーク
ドイツ　ハンガリー　ロシア
オランダ　ルーマニア
イギリス　ブルガリア
スイス　アフガニスタン
フランス　トルコ　ネパール　韓国
スペイン　中国　日本
ポルトガル　インド
モロッコ　イタリア
セネガル　イラク　ベトナム　アメリカ
エジプト　カンボジア　キューバ
フィリピン
タイ　インドネシア　マレーシア
ケニア　ミャンマー　オーストラリア　ブラジル
タンザニア　バングラデシュ
ニュージーランド

日本語の「おはよう」は、「お早くお会いしますね」「お早いですね」などのことばからきています。

朝の特別なあいさつことば

外国には、日本語の「おはよう」のようなあいさつことばはなく、べつの意味のことばがつかわれる国が多くあります。英語やスペイン語を話す国々では、「よい朝」「よい日」という意味のあいさつことばがつかわれます。また、日本語の「おはよう」のように、朝の特別なあいさつことばがなく、朝、昼、夜に関係なく同じことばがつかわれる国も多くあります。

さあ、それぞれの国の子どもたちの写真と文字とともに、各国の「おはよう」を見てみましょう。その国の文字の下にしめした日本語は、直訳です。

英語

Good morning

→ よい朝

イタリア語

ブ　ォ　ン　　ジ　ョ　ル　ノ
Buon giorno
よい日

フランス語

ボ　ン　ジ　ュ　ー　ル
Bonjour
よい日

スペイン語

ブ　エ　ノ　ス　　デ　ィ　ア　ス
Buenos días
よい日

ポルトガル語

ボ　　ン　　　デ　ィ　ー　ア
Bom dia
よい日

11

ドイツ語

グ　ー　テ　ン　　モ　ル　ゲ　ン
Guten Morgen
よい朝

ロシア語

ド　ー　ブ　ラ　エ　　ウ　ー　ト　ラ
Доброе утро
よい朝

韓国語
안녕하세요
アンニョンハセヨ

やすらかですか

中国語
早上好
ザオシャンハオ

朝元気

マレー語
Selamat pagi
スラマットパギ

やすらかな朝

タイ語
สวัสดี
サワッディー

やすらかに

©WHO/P.Virot

ヒンディー語

ナ マ ス テ
नमस्ते

あなたに恭礼※します

※ うやうやしく礼をするといった意味。

ベンガル語

ノ モ シュ カ ー ル
নমস্কার

おじぎ（をする）

アラビア語 ※（右から左へ読む）

ル イ ヘ ル　　フ ー バ サ
صباح الخير

よい朝

スワヒリ語

ジ ャ ン ポ
Jambo

おかわりないですか

2 「いってきます」

日本では、出かけるときなどに「いってきます」といい、見送る側は、「いってらっしゃい」という習慣があります。外国ではどうでしょう。

ふたたび帰ってくる

日本では、朝、出かけるときや、旅行にいくときなどに、「いってきます」という習慣があります。これは「どこかへいってもふたたび帰ってくる」という意味だといわれています。

おとなりの韓国にも日本と似たことばがあります。中国では「わたしはいきます」などといいますが、「**我去学校**（学校へいく）」のように行き先をつげて出かけるのが普通です。

きまったことばがない

外国では、自分がこれからいく（出かける）という意味のことばをいって出かける人が多くいます。

また、その場のふんいきによって、「また会いましょう」「またあとで」など、日本語の「さようなら」にあたることば（→p18）をつかうのも普通です。

日本のように、「いって帰ってくる」と「帰る」ことにふれるあいさつことばがある言語は、韓国語、アラビア語などに限られています。また、日本では「いってきます」といわれたら「いってらっしゃい」と返すのが普通です。「いってらっしゃい」が先で、「いってきます」があとになることもあります。ところが、「いってらっしゃい」にあたるあいさつことばは、世界じゅうをさがしてもほとんど見つかりません。

中国語

ウォ ゾゥ ラ
我走了

わたしはいきます

アラビア語 ※（右から左へ読む）

アャジーラワフィーラ
راﺟﻊ و راﻳﺢ

いって、帰ってきます

韓国語

タ ニョ オ ゲッ スム ニ ダ
다녀오겠습니다

いってきます

イタリア語

Ciao
（チャオ）

じゃあね

フランス語

Bon j'y vais
（ボンジヴェ）

じゃあ、わたしはいきます

スペイン語

Bueno me voy
（ブエノ　メ　ヴォイ）

じゃあ、わたしはいきます

ポルトガル語

Vou indo
（ヴォー　インド）

いきます

15

ドイツ語

Bis später
（ビス　シュペーター）

あとでね

ロシア語

Я пошла.До свидания
（ヤー　パシュラー　ダ　スヴィダーニャ）

わたしは、いきます。さようなら

出かけるときの英語のあいさつ

イギリス、アメリカをはじめ、英語を話す国の人たちは、出かける人も見送る人も、どちらも「See you（また会いましょう）」「See you later（あとで会いましょう）」などということが多いようです。これらの英語を、日本語に訳すとすれば、「じゃあね」や「またね」ということばがあてられます。

英語を話す国々でも、15ページで見た、フランス語「Bon j'y vais」などのように、「I'm going（わたしはいきます）」というあいさつことばもつかわれます。いわれた人は、「Have a nice day（すてきな日を）」などというのが普通です。

学校にいく子どもに対しては「○○○, Have a good day !」などということが多いようです。こういわれた子どもは、「Bye Dad（バイ、おとうさん）」などといいながら学校にいくのです。

また、仕事にいく人に向かって「Have fun at work（仕事楽しんで）」ということがあります。また、旅行にいく人には「Enjoy your trip（旅行を楽しんで）」といったりします。このように「楽しんで」といったあいさつことばを日本人はあまりつかいませんが、英語を話す人たちは、ごく普通につかっています。

日本語を外国語にする・その反対

英語でも中国語でも、日本語を外国語に訳すというのは、日本語と同じ意味の外国語をさがすことではありません。外国語を日本語に訳すのも、同じことがいえます。

> グッド モーニング
> Good morning → よい朝
> アイム ゴゥイング
> I'm going → わたしはいきます

英語を話す国の人たちは、朝、おたがいに顔をあわせたら、「Good morning」といいあい、朝、家を出るときには、「I'm going」などというといいますが、これらは、日本人の「おはよう」や「いってきます」に相当するあいさつことばだといえます。

ひとつの日本語の表現にあてはまるひとつの外国語があると考えてはいけません。日本語のこんな場合、外国語ならどういういい方をするのか、こんなシチュエーション（状況）でつかう場合、どんなフレーズ（表現）なのか、というように考えなければなりません。

日本語にある表現が、そのまま外国語にもあるとは限りません。むしろ、「いってらっしゃい」など、外国にはそもそもそういうあいさつをする習慣がないことも多いのです。

英語
スィー ユー
See you
また会いましょう

●パート1（10〜31ページ）の国情報

※外務省ホームページ参考（2016年7月現在）

	国名（正式名称）	面積	人口	言語	宗教
アジア	インド	約328万7469km²	約12億1057万人	連邦公用語はヒンディー語、ほかに憲法で公認されている州の言語が21	ヒンドゥー教、イスラム教、キリスト教、シク教、仏教、ジャイナ教
	インドネシア共和国	約189万km²	約2億5500万人	インドネシア語	イスラム教、キリスト教、ヒンズー教、仏教、儒教など
	カンボジア王国	約18万1000km²	約1470万人	カンボジア語	仏教（一部少数民族はイスラム教）
	タイ王国	約51万4000km²	約6593万人	タイ語	仏教、イスラム教
	大韓民国	約10万km²	約5150万人	韓国語	仏教、キリスト教プロテスタント、キリスト教カトリックなど
	中華人民共和国	約960万km²	約13億7600万人	漢語（中国語）	仏教、イスラム教、キリスト教など
	ネパール連邦民主共和国	約14万7000km²	約2649万人	ネパール語	ヒンドゥー教、仏教、イスラム教ほか
	バングラデシュ人民共和国	約14万7000km²	約1億5940万人	ベンガル語（国語）	イスラム教、ヒンズー教、仏教、キリスト教
	フィリピン共和国	約29万9404km²	約1億98万人	国語はフィリピノ語、公用語はフィリピノ語および英語。80前後の言語がある。	キリスト教カトリック、その他のキリスト教、イスラム教
	ベトナム社会主義共和国	約32万9241km²	約9340万人	ベトナム語	仏教、キリスト教カトリック、カオダイ教など
	マレーシア	約33万km²	約2995万人	マレー語（国語）、中国語、タミール語、英語	イスラム教（連邦の宗教）、仏教・儒教、道教、ヒンドゥー教、キリスト教など
	ミャンマー連邦共和国	約68万km²	約5141万人	ミャンマー語（ビルマ語）	仏教、キリスト教、回教など
中東	アフガニスタン・イスラム共和国	約65万2225km²	約2860万人	ダリー語、パシュトゥー語（ともに公用語）、ハザラ語、タジク語など	イスラム教（おもにスンニ派のハナフィ学派、一部シーア派）
	イラク共和国	約43万7400km²	約3481万人	アラビア語、クルド語（ともに公用語）など	イスラム教（スンニ派、シーア派）、キリスト教など
	トルコ共和国	約78万576km²	約7874万1053人	トルコ語（公用語）	イスラム教（スンニ派、アレヴィー派）が大部分。その他ギリシャ正教、アルメニア正教、ユダヤ教など
ヨーロッパ	イタリア共和国	約30万1000km²	約6080万人	イタリア語（地域によりドイツ語、フランス語など少数言語あり）	キリスト教カトリック、キリスト教プロテスタント、ユダヤ教、イスラム教、仏教
	英国（グレートブリテンおよび北アイルランド連合王国）	約24万3000km²	約6411万人	英語（ウェールズ語、ゲール語などをつかう地域もある）	英国国教など
	オランダ王国	約4万1864km²	約1700万人	オランダ語	キリスト教カトリック、キリスト教プロテスタント、イスラム教、ヒンズー教、仏教、無宗教・その他
	スイス連邦	約4万1000km²	約824万人	ドイツ語、フランス語、イタリア語、ロマンシュ語	キリスト教カトリック、キリスト教プロテスタント、その他キリスト教、イスラム教
	スウェーデン王国	約45万km²	約988万人	スウェーデン語	福音ルーテル派が多数
	スペイン	約50万6000km²	約4645万人	スペイン（カスティージャ）語、バスク語、カタルーニャ語、ガリシア語、バレンシア語	信仰の自由を憲法で保障、おもにキリスト教カトリック
	デンマーク王国	約4万3000km²※	約570万人	デンマーク語	福音ルーテル派（国教）
	ドイツ連邦共和国	約35万7000km²	約8094万人	ドイツ語	キリスト教カトリック、キリスト教プロテスタント、ユダヤ教、イスラム教
	ノルウェー王国	約38万6000km²	約521万3985人	ノルウェー語	福音ルーテル派が大多数を占める
	ハンガリー	約9万3000km²	約990万人	ハンガリー語	キリスト教カトリック、キリスト教カルヴァン派など
	フィンランド共和国	約33万8000万km²	約549万人	フィンランド語、スウェーデン語	福音ルーテル教（国教）、正教会（国教）
	フランス共和国	約54万4000km²	約6633万人	フランス語	キリスト教カトリック、イスラム教、キリスト教プロテスタント、ユダヤ教
	ブルガリア共和国	約11万900km²	約723万人	ブルガリア語	大多数はブルガリア正教。ほかに回教徒、少数のカトリック教徒、新教徒など
	ポルトガル共和国	約9万1985km²	約1037万人	ポルトガル語	カトリック教徒が圧倒的多数
	ルーマニア	約23万8000km²	約1994万人	ルーマニア語（公用語）、ハンガリー語	ルーマニア正教、キリスト教カトリック
	ロシア連邦	約1707万km²	約1億4306万人	ロシア語	ロシア正教、イスラム教、仏教、ユダヤ教など
アフリカ	エジプト・アラブ共和国	約100万km²	約9000万人	アラビア語、都市部では英語も通用。	イスラム教、キリスト教（コプト教）
	ケニア共和国	約58万3000km²	約4486万人	スワヒリ語、英語	伝統宗教、キリスト教、イスラム教
	セネガル共和国	約19万7161km²	約1413万人	フランス語（公用語）、ウォロフ語など各民族語	イスラム教、キリスト教、伝統的宗教
	タンザニア連合共和国	約94万5000km²	約5182万人	スワヒリ語（国語）、英語（公用語）	イスラム教、キリスト教、土着宗教
	モロッコ王国	約44万6000km²	約3392万人	アラビア語、ベルベル語（ともに公用語）、フランス語	イスラム教（国教）スンニ派がほとんど
北米	アメリカ合衆国	約962万8000km²	約3億875万人	主として英語（法律上の定めはない）	信仰の自由を憲法で保障、おもにキリスト教
中南米	キューバ共和国	約10万9884km²	約1126万人	スペイン語	原則として自由
	ブラジル連邦共和国	約851万2000km²	約2億40万人	ポルトガル語	キリスト教カトリック、キリスト教プロテスタント、無宗教
オセアニア	オーストラリア連邦	約769万2024km²	約2391万人	英語	キリスト教、無宗教
	ニュージーランド	約27万534km²	約424万人	英語、マオリ語、手話	キリスト教カトリック、英国国教会、長老会、メソジストなど

＊フェロー諸島とグリーンランドのぞく

17

3 「さようなら」

「さようなら」は「さようならば、〜」ということばからきています。どういう意味でしょう。外国では、どういっているのでしょう。

昔は「さようならば」、今は「バイバイ」

「さようならば、〜」というのは、昔のいい方で、現代の日本語では、「そのとおりならば、〜」「そういうことならば、〜」となります。かんたんにいえば、「それなら（またあした）」「それでは（失礼します）」「それじゃあ（またね）」などの意味だといわれています。

一方、現代の日本人は、「さようなら」もつかっていますが、「じゃあね」「またね」「失礼します」などのほか、英語の「Bye-bye」をそのままつかって、気軽に「バイバイ」ということもあります。

立場によってかわる韓国語

韓国では、帰っていく人とその人を見送る人では、わかれるときのあいさつことばがちがいます。帰っていく人は「안녕히 계세요（やすらかにいてください）」といい、見送る人は「안녕히 가세요（やすらかに帰ってください）」といいます。

「안녕히 계세요」は自分が相手のもとを立ち去るときにつかい、「안녕히 가세요」は「カダ（いく）」の尊敬語で、相手が自分のもとを立ち去るときにつかいます。

韓国語
안녕히 가세요
アンニョンヒ ガ セ ヨ
やすらかに帰ってください

韓国語
안녕히 계세요
アンニョンヒ ゲ セ ヨ
やすらかにいてください

「会いましょう」

近年、日本でも「さようなら」は、どちらかというと形式的（けいしきてき）なあいさつことばとされ、普段（ふだん）の会話では、「じゃあね」「またね」「じゃあまた」などがつかわれます。これらはどれも、あとに「会いましょう」とつづくのを省略（しょうりゃく）したものです。

じつはこの「会いましょう」を日本語の「さようなら」にあたるあいさつことばとしてつかう国は多くあるのです。

中国語の「再見（ザイジエン）」も英語（えいご）の「See you」も、「会いましょう」の意味です。

中国語では、「明天見（ミンティエンジエン）（あした会いましょう）」「学校見（シュエシャオジエン）（学校で会いましょう）」などともよくいいます。また、英語では、「See you later（レイタァ）（あとで会いましょう）」や「See you tomorrow（トゥマロウ）（あした会いましょう）」がよくつかわれます。

「Good-bye（グッドバイ）」

英語（えいご）の「Good-bye」や同じ意味の「Bye-bye（バイバイ）」ということばは、「God be（ガッドビー）with you（ウィズユー）」をちぢめたものです。この意味は「神があなたをお守りくださるように」からきているといわれています。英語を話す国の人々（ひとびと）は、キリスト教徒（きょうと）が多いため、これらのあいさつことばができました。

英語では「さようなら」として「So long（ソーローング）」もよくつかわれます。

19

中国語

再見（ザイジエン）

また会いましょう

英語（えいご）

See you later（スィーユーレイタァ）

あとで会いましょう

イタリア語
Arrivederci
（アリヴェデルチ）

また会いましょう

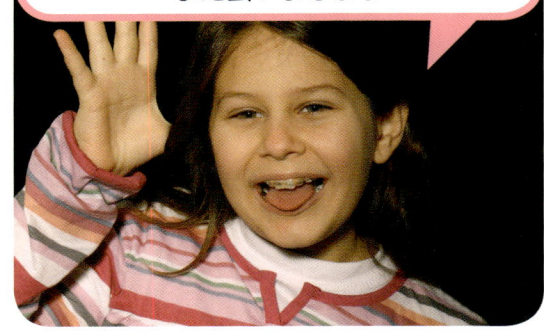

フランス語
Au revoir
（オールヴォアール）

また会いましょう

スペイン語
Adiós
（アディオス）

神とともに

ポルトガル語
Tchau
（チャウ）

じゃあね

ドイツ語
Auf Wiedersehen
（アウフ ヴィーダーゼーエン）

また会いましょう

ロシア語
До свидания
（ダ スヴィダーニャ）

また会うときまで

4 「こんにちは」

はじめての人とも「こんにちは」から会話がはじまります。世界のことばでは、どのようにいうでしょうか。

タイ語
サワッディー
สวัสดี
やすらかに

ふしぎなことば「こんにちは」

日本語の「こんにちは」は、「こんにちは、～」の ～ が省略されたことばだと考えられています。「今日（こんにち）はごきげんいかがですか？」「今日はいい天気／あつい／さむいですね」の「今日（こんにち）は」というわけです。

このため、「こんにちは」は、以前は朝でもなく夜でもないとき（昼間）につかうあいさつことばでした。ところが、最近では昼間でなくてもつかわれることが多くあります。また、よその家をおとずれたときや、はじめての人に会うとき、少しあらたまったときなど、「こんにちは」が時間帯に関係なくつかわれます。

ということで、「こんにちは」は、なんともふしぎなあいさつことばなのです。

アジアの国の便利なあいさつことば

中国語の「你好（ニイハオ）」を、もしもそのまま日本語に訳してみると「あなたがよくありますように」となります。でも「你好」がそのような意味でつかわれることはほとんどなく、日本語の「こんにちは」のようにつかわれます。しかも、1日じゅうい

つでもつかえます。

中国語では、朝は「你早（ニイザオ）」や「早上好（ザオシャンハオ）」、夜には「晚上好（ワンシャンハオ）」という、日本語の「おはよう」「こんばんは」にあたるあいさつことばもあります。

韓国語では、「やすらかですか」という意味の「안녕하세요（アンニョンハセヨ）」が、人と会ったとき、時間帯に関係なく、いつでもつかわれる便利なあいさつことばとなっています。

タイでは、1日じゅう、まちじゅうから「สวัสดี（サワッディー）」がきこえてきます。これも日本語の「おはよう」「こんにちは」「こんばんは」のどれにでもなり得る便利なあいさつことばです。下の表は、そのほかのアジアのあいさつことばです。

フィリピノ語	Magandang hapon（マガンダンハーポン） 美しい昼
ベトナム語	Xin chào（シンチャーオ）／やあ
カンボジア語	ញ៉ាំបាយហើយឬនៅ（ニャムバーイハウイルーナウ） ごはん食べましたか
ミャンマー語 （ビルマ語）	ထမင်းစားပြီးပြီလား（タミンサーピービーラー） ごはん食べましたか
インドネシア語	Selamat siang（スラマッ（ト）スィアン） 平穏な昼
トルコ語	Iyi günler（イーギュンレル）／いい日々

「よい日を」「よい午後を」

下にしめした各国のあいさつことばは、「よい日」「よい午後」という意味で、

これらはどれも、日本語の「こんにちは」と同じように、時間帯と関係なくつかわれています。「よい日にしてください」といった願いを表します。

ドイツ語	Guten Tag／よい日
オランダ語	Goedemiddag／よい午後
フランス語	Bonjour／よい日
イタリア語	Buon giorno／よい日
スイスのドイツ語	Grüezi／よい日
スペイン語	Buenas tardes／よい午後
ポルトガル語	Boa tarde／よい午後
ハンガリー語	Jó napot kívánok わたしはよい日を願います
ブルガリア語	Добър ден／よい日

ルーマニア語	Bună ziua／よい日
デンマーク語	Goddag／よい日
ノルウェー語	God dag／よい日
スウェーデン語	God dag／よい日
フィンランド語	Hyvää päivää／よい日
ロシア語	Добрый день／よい日
キューバのスペイン語	Buenas tardes／よい午後
ブラジルのポルトガル語	Boa tarde／よい午後
オーストラリアの英語	G'day／よい日

オーストラリアの英語

G'day

よい日

筆者が「Good morning」というと、3人の中学生が「G'day」と。

アラビア語

　アラビア語は、イスラム教の経典『コーラン』のことばです（→巻頭特集）。アラビア語の、日本語の「こんにちは」にあたるあいさつことばは、「السلام عليكم（あなた方の上に平和あれ）（→p1）」です。これも、時間帯に関係なくつかわれます。

アラビア語　※（右から左へ読む）

السلام عليكم
ムクイレア　ムーラサッア

あなた方の上に平和（平安）あれ

スワヒリ語

　アフリカ大陸の東海岸で広く話されているスワヒリ語には、「Jambo」という便利なあいさつことばがあります。1日のうちいつでもつかわれます。

　スワヒリ語は、19世紀末頃までアラビア文字で書かれていましたが、その後、ラテン文字で書き表されるようになりました。

● スワヒリ語がつかわれている国々（一部）

> ウガンダ
> ルワンダ
> コンゴ民主共和国
> ブルンジ
> ザンビア
> マラウイ
> ソマリア
> ケニア
> コモロ
> マヨット島（仏領）
> タンザニア
> モザンビーク
> マダガスカル

※アラビア語の地図は2ページ。

スワヒリ語

Jambo
ジャンボ

おかわりないですか

5 「こんばんは」

「こんばんは」は、「今晩は〜ですね」の「今晩は」からきたことばです。
日本では、夕ぐれから夜にかけてつかうのが普通です。

3つの時間帯のあいさつことば

英語を話す国では、一般的に午前中には「Good morning（おはよう）」、午後の明るいうちは「Good afternoon（こんにちは）」、暗くなったら「Good evening（こんばんは）」とあいさつするとされていますが、これらは、どちらかといえば、かたい印象です。親しい間柄では、「Hello（こんにちは）」や「Hi（やあ）」をつかいます。

明るいとき・暗いとき

外国にも日本と同じように、明るいときと暗くなってからではあいさつがかわる国があります。

フランス語では「おはよう」も「こんにちは」も、同じ「Bonjour」がつかわれますが、夜には「Bonsoir」になります。

ドイツ語	Guten Abend ／よい夜
フランス語	Bonsoir ／よい夜
イタリア語	Buona sera ／よい夕べ

スペイン語	Buenas noches ／よい夜
ポルトガル語	Boa noite ／よい夜
ロシア語	Добрый вечер ／よい晩

24

ロシア語

Добрый вечер

よい晩

身振りで「こんにちは」

日本人は「こんにちは」といいながら、おじぎをすることがよくあります。外国には、無言で「こんにちは」の意味をしめすことになる身振り（ジェスチャー）があります。

鼻こすり

フィンランドのサーミ族とニュージーランドのマオリ族には、無言でおたがいに鼻をつけあう習慣があります。これは、尊敬や歓迎を表すためにおこなう、「こんにちは」を意味する「あいさつジェスチャー」です。

それにしても、北緯65度付近のフィンランドと南緯40度付近のニュージーランドで、同じようなあいさつのジェスチャーがあるのはとてもふしぎな感じがします。

鼻をつけあうあいさつで、イギリスのヘンリー王子（左）を迎えるマオリ族の男性（右）。おたがいの鼻にふれて同じ空気を共有することで、相手を仲間として受けいれることを意味する。　　　　写真：ユニフォトプレス

あいさつの身振り

アフリカには、「こんにちは」というあいさつことばをかわすかわりに、いろいろな身振りであいさつをする習慣があります。セネガルにくらすウォロフ族は、目上の人の手をとって、甲を自分のおでこにあてます。ケニアを中心とした東アフリカのキクユ族は、相手の手のひらにつばをかけます。相手の幸運を祈るあいさつジェスチャーだといわれています。タンザニアのトングェ族は、目上の人にあいさつするときは、相手から目をそらしてかがみ、手をたたきます。

6 「ただいま」

日本では、出かけるときに「いってきます (→P14)」といい、帰ってきたときには「ただいま」という習慣が昔からあります。

なぜ「ただいま」？

日本語の「ただいま」は、「ただいま帰りました」からできたことばです。これに似た外国語としては、中国語の「我回来了（わたしは帰ってきました）」、韓国語の「다녀왔습니다（いってきました）」、英語の「I'm home（わたしは家につきました）」、フランス語の「Je suis rentrée（わたしはもどりました）」などがあります。

一方、スペイン語の「Hola」やフランス語の「C'est moi」のように、異なる意味のことばが「ただいま」としてつかわれている国もあります。帰る時間によっては「こんばんは」にあたることば（→p24）がつかわれます。

「おかあさん〜」などと家にいる人の名前をよぶのが、「ただいま」のかわりになっていることもあります。むしろこれが、世界じゅうでよく見られる光景かもしれません。

また、世界には、家に帰ってきたときにあいさつをする習慣がない国も多くあります。

ドイツ語	Bin wieder da もどりました
イタリア語	Eccomi ／わたしよ
フランス語	C'est moi ／わたしよ
スペイン語	Hola ／やあ
ポルトガル語	Cheguei ／つきました
ロシア語	Привет ／やあ

おかえり（なさい）

日本では、家にいる人が帰ってきた人に向かって、「おかえり（なさい）」といいます。昔から、日本人はあいさつをとくにたいせつにしてきました。生活のさまざまな場面で、多くのあいさつことばをつかいわけてきました。ところが、日本のように多くのあいさつことばをもつ国はほとんどありません。

あいさつことばをつかいわける習慣は、日本の特徴のひとつということができます。

かといって、外国でも、帰ってくる人も、その人を迎える人も、何もいわないというわけではありません。日本語の「おかえり」を直訳的に表すあいさつことばがないだけで、その場の状況によって、さまざまなことばがかわされています。

英語

I'm home
アイム　ホウム

わたしは家につきました

27

7 「いただきます」「ごちそうさま」

「いただきます」「ごちそうさま」をいうように、日本人は子どもの頃からしつけられます。ところが、こうしたことばをいわない国がたくさんあります。

「いただきます」の語源

　「いただきます」の「いただき」は、もともと山や頭のいちばん高いところ「頂」を意味することばです。

　昔、目上の人から物をもらうとき、頭より高くささげるようなかっこうをしたことから、「いただく」に「もらう」という意味がうまれました。やがて、そうしてもらった物や、神さま・仏さまにそなえた物を食べたり飲んだりするときに、頭上にささげたことから、「いただきます」が食事をはじめるときのあいさつになったと考えられています。

外国では

　「いただきます」というきまったあいさつことばがない国は多くあります。それどころか、食事の前に「いただきます」、食べおわったら「ごちそうさま」という国は、日本以外ほとんどありません。

　となりの韓国や中国でさえ、そうした習慣はありません。

　「いただきます」については、キリスト教を信じる人びとが、食事の前に、下のようなお祈りをささげて、その最後に「アーメン」というのと似ています。しかし、「アーメン」はあいさつことばではありません。

●祈りのことば

> 天にいらっしゃる父なる神さま、
> ここにおまねきいただきましたことを
> 感謝します。
> おいしい食事をありがとうございます。
> 家族とわたしたちの国を
> 祝福してください。
> われらの救い主イエス・キリストの名に
> よって、アーメン。

食事の前にお祈りをささげる家族。

「ごちそうさま」の語源

　「ごちそうさま」は、漢字にすると「御馳走様」となります。

　「馳走」は、もともと「走りまわる」を意味していました。これが、お客さまの食事を用意するために走りまわるという意味になり、やがて「もてなし」の意味がうまれました。そして、それに「ご（御）」と「さま（様）」がついて、江戸時代後半頃から、食後のあいさつことばとしてつかわれるようになったと考えられています。

　日本語の「ごちそうさま」にあたる、きまったあいさつことばがある国は、世界じゅうさがしてもないといわれています。

　でも、「ごちそうさま」という意味のことばがないからといって、何もいわないわけではありません。「おいしかった」「おなかいっぱい」などといって、食事をおえるのが普通です。

29

	おいしかった	おなかいっぱい
中国語	很好吃了（ヘンハオチーラ）	吃飽了（チーバオラ）
英語	It was delicious（イト ワズ ディリシャス）	I am so full（アイ アム ソウ フル）

英語

I am so full
（アイ　アム　ソウ　フル）

おなかいっぱい

8 「おやすみなさい」

日本では、寝る前には「おやすみなさい」とあいさつします。親しい間柄の人どうしなら、「なさい」をつけず「おやすみ」といいます。

「休み」の意味

日本語の「おやすみ（なさい）」の「休み」は、もともと「横になって寝る」ことを意味していました。「なさい」は、命令しているようにもきこえますが、そうではありません。これは「（わたしはもう寝ます）。あなたもお休みなさいませ」の意味です。なさい（なさる）は、「する」の尊敬語なのです。

このようなことから、「おやすみ（なさい）」が、寝る前のあいさつことばになったといわれています。

なお、韓国語にも、「やすらかに寝てください」という意味をもつあいさつことばとして、「안녕히 주무세요」があります。

韓国語
안녕히 주무세요
アンニョンヒ チュム セ ヨ
やすらかに寝てください

「おやすみ」＝「Good night」？

「おやすみなさい」を英語にすると、「Good night」だと単純に思う人は多いようです。しかし、「お休み」が「寝る」を意味するとすれば、寝るというのに「よい夜」というのも、なにかへんです。たとえ日本語の単語と英語の単語を単純におきかえられないとしても、やはりへんな感じがします。

もとより、16ページに記したように、日本語のこんな場合、外国語ならどういういい方をするのか、こんなシチュエーション（状況）でつかう場合、どんなフレーズ（表現）になるのか、というように考えなければなりません。

じつは、「おやすみ」＝「Good night」がへんなのは、「Good night」は「よい夜をすごしてください」と相手に伝えることばだからです。暗くなった頃に、相手に向かって「夜を楽しんでください」という意味でつかいます。

ドイツ語の「Gute Nacht」、スペイン語の「Buenas noches」、イタリア語の「Buona notte」などは、どれも「よい夜」という意味のあいさつことばとしてつかわれています。

※なお、これらは日本語の「おやすみなさい」と同じようにつかわれることもあります。

中国語	晩安好／やすらかな夜
ドイツ語	Gute Nacht ／よい夜
フランス語	Bonne nuit ／よい夜
イタリア語	Buona notte ／よい夜

スペイン語	Buenas noches ／よい夜
ポルトガル語	Bom descanso ／よい休み
ロシア語	Спокойной ночи おだやかな夜
スワヒリ語	Usiku mwema ／やすらかな夜

こんなときには、こんなあいさつ

日本でも外国でも、時と場合におうじた**あいさつ**ことばがあります。一方、同じ国でも地域やTPO*によって、**あいさつ**ことばは多種多様です。

1 えっ、これがあいさつことば？

日本では、「こんにちは」のほかに、「いいお天気ですね」などいろいろなあいさつことばがつかわれています。なかには、「えっ」というものもあります。

天気や商売に関する日本のあいさつことば

　日本には四季があり、年間を通じて天候は大きく変化します。毎日の天気も大きく変わります。ところが、世界には天気の変化がほとんどない国も少なくありません。日本には、昔から人と出会ったとき、天気を話題にする習慣があります。このため、天気に関するきまったことばが、あいさつことばとしてつかわれてきました。

　「いいお天気ですね」「いいおしめりで」「よくふりますね」などのほか、「暑いですね」「寒いですね」も、あいさつことばとして今もつかわれています。

　一方、大阪などでは、「もうかりまっか」ということばがあいさつがわりにつかわれることがあります。これは、商売がさかんな上方（現在の関西地方）で、商人や親しい知り合いどうしが出会った際にたがいにかわすあいさつことばです。

* Time（時間）、Place（場所）、Occasion（場合）または Opportunity（機会）の頭文字をとって、「時と場所、場合」におうじてつかいわけることを意味する和製英語。

その国・土地の人々（ひとびと）の関心事（かんしんごと）

かつてアジアの国々（くにぐに）では、「ごはん食べましたか？」という問いかけが、あいさつことばとしてつかわれていました。

韓国語（かんこくご）では「밥먹었어요」、中国語では「吃饭了没有」などといっていました。どちらも「ごはん食べましたか？」の意味です。また、タイ語の「กินข้าวแล้วหรือยัง」、カンボジア語の「ញ៉ាំបាយហើយឬនៅ」、ミャンマー語（ビルマ語）の「ထမင်းစားပြီးပြီလား။」も同じような意味のことばです。

日本でも、知り合いに会ったときに、「めし食った？」などという人を見かけることがあります。「めし食った？」が親しい間柄（あいだがら）のあいさつことばとなっているのです。これは、「食べたか」「食べてないか」を本気で問うているのではないので、相手は答える必要（ひつよう）がありません。

このように、相手と自分の共通（きょうつう）の関心事があいさつことばになることが、日本でも外国でも多くあるのです。

外国での共通の関心事としてわすれてならないのは、宗教（しゅうきょう）です。同じ宗教を信（しん）じる人たちのあいだでは、きまったあいさつことばがつかわれます。その典型（てんけい）が、イスラム教徒（きょうと）の「السلام عليكم」（→p1）やヒンドゥー教徒の「नमस्ते」（→p13）だということができるでしょう。

タイの早朝（そうちょう）の托鉢（たくはつ）のようす。

2 英語のマジックワード

アメリカには「マジックワード」とよばれる3つのことばがあります。その3つのことばは、人と人との関係をよくする「ふしぎなことば」だと考えられているのです。

3つのことばとは

Please	=	どうぞ
Excuse me	=	失礼ですが
Thank you	=	ありがとう

アメリカでは、子どもが小さい頃からマジックワードをつかうようにきびしくしつけるといわれています。子どもがマジックワードをいいわすれると、大人はその子に向かって「Say please（どうぞ、といいなさい）」や「What do you say（なんていうんだっけ？）」などといって、注意をしているのをよく見かけます。

こうしたきびしいしつけの結果、アメリカ人は大人になってからも、「**Please**」「**Excuse me**」「**Thank you**」をよくつかうのです。

さまざまな人種の子どもたちが通うアメリカの小学校。

日本では「オアシス」

日本にも「マジックワード」と同じようなことばがあります。それが、「オアシス」とよばれる4つのことばです。一時は全国の小学校などで、あいさつを促す「オアシス運動」がよくおこなわれていました。

「オ」 = 「おはよう」	
「ア」 = 「ありがとう」	= Thank you
「シ」 = 「失礼します」	= Excuse me
「ス」 = 「すみません」	= Please または Excuse me

これらのあいさつをしっかりすることで、砂漠のなかのオアシス（水がわき、草木がはえているところ）のように、人と人との関係にうるおいをもたらそうという意味で、オアシス運動とよばれたのです。

3 「すみません」のふしぎ

日本にやってきた外国人のなかには、「日本人はどうしてあやまってばかりいるのだろう」と、ふしぎに思う人がいるといいます。「すみません」がいろいろな意味でつかわれていることがわからないのです。

「すみません」の３つの意味

「すみません」は「済む」に打ち消しの「ません」がついたことばで、かつては「気持ちがおさまりません」「気持ちがはれません」といった意味でつかわれていました。しかし、現代の日本では、「すみません」は相手に謝罪することばで、英語の「I'm sorry（ごめんなさい）」にあたることばとしてつかわれるようになりました。また、英語の「Thank you」にあたることばとしてや、「Excuse me」の意味でもつかわれています。

「すみません」と「すいません」

「すいません」は、「すみません」のくだけたいい方です。「済む」が「ない」で打ち消されると「すまない」となり、その「すまない」のていねいなことばが、「すみません」なのです。つまり、「すみません」が本来の形で、「すいません」は、話しことばのくだけたいい方になったものと考えられています。３つある「すみません」の意味のうち、「Excuse me」にあたるそのほかの外国語は次のとおりです。

35

- ● ごめんなさいの意味
  「相手に失礼なことをしてしまい、このままでは自分の気がすまない」の意味。
- ● ありがとうの意味
  「こんなによくしていただいて気持ちがおさまりません」の意味。
- ● よびかけ
  「すみませんが、○○してください」というときの「すみません」は、相手のじゃまをすることにたいする、軽い謝罪の意味。

韓国語	저기요／あそこです
中国語	打扰一下／ちょっとじゃまする
ドイツ語	Entschuldigung 許してください
フランス語	Excusez-moi わたしを許してください
イタリア語	Scusi ／許してください
スペイン語	Perdón ／許してください Disculpe ／許してください
ロシア語	Извините わたしを許してください
スワヒリ語	Samahani ／許してください

4 「ありがとう」

日本ではだれもがよくつかう「ありがとう」は、どうしてそういうのでしょう。「ありがとう」を意味する世界のことばとくらべて、考えてみると……。

「ありがとう」の奥深さ

日本語の「ありがとう」は「ありがたい」が変化したことばです。「ありがたい」は漢字で「有り難い」と書きますが、「難」という漢字は「むずかしい」という意味です。つまり、「ありがたい」は、「あることがむずかしい」「あることがめったにない」という意味で、思いがけない恩恵や好意を受けたときに、そのようなことはめったにないことだとうれしく思い、感謝する気持ちを表す奥深いことばなのです。

「ありがとう」のもとは「ありがたい」ですが、この2つのことばのつかい方は異なります。

「ありがとう（ございます）」ということばは、相手への感謝の気持ちを伝えるためにつかいますが、「ありがたい」は、相手に伝えるというより、自分の気持ちを表すためのことばです。

> ・手伝ってくれて　ありがとう。
> ・手伝ってもらえて　ありがたい。

「ありがとう」にあたる外国語

日本語の「ありがとう」にあたる外国語は、次のとおりです。

韓国語	감사합니다／感謝します
中国語	谢谢／感謝します
英語	Thank you／あなたに感謝します
ドイツ語	Danke／感謝
フランス語	Merci／感謝します
イタリア語	Grazie／感謝
スペイン語	Gracias／神さまの恵み
ロシア語	Спасибо／神さまのごかごを
スワヒリ語	Asante／いただきます

ポルトガル語の「Obrigado」

ポルトガル語の「**Obrigado**」は、日本語の「ありがとう」と発音がよく似ているので、日本語の「ありがとう」の語源だという説があります。

しかし、日本で「ありがとう」がつかわれるようになったのは、ポルトガル語が日本に入ってきたときよりずっと前のことです。

「**Obrigado**」は、もともとは「恩がある」「義務がある」という意味のことばでしたが、やがて感謝の気持ちを伝えることばとしてつかわれるようになったといわれています。

「どういたしまして」

　日本語の「どういたしまして」は、お礼をいわれたときに、その人に対し、「気をつかわなくていいですよ」などといった気持ちを伝えることばです。現在の日本では、あいさつことばとして気軽につかわれていますが、このことば自体の構造はけっこう複雑です。

- 「どう」＝「どう（どのように）」
- 「いたし」＝「いたす（「する」の謙譲語）」
- 「まし」＝「ます（丁寧語をつくる助動詞）」

　なお、語源については、「いかがいたしまして（どうしましたか）」からきているという説があります。

「どういたしまして」にあたる外国語

　日本語の「どういたしまして」にあたる世界の国のことばは、次のとおりです。

韓国語	천만에요（チョンマネヨ） 千万に値することばです
中国語	不客气（ブクーチ）／遠慮しないで
英語	You're welcome（ユアウェルカム） あなたは歓迎されます
ドイツ語	Bitte（ビッテ）／どうぞ
フランス語	De rien（ドゥリアン）／何も
イタリア語	Prego（プレーゴ）／どうぞ
スペイン語	De nada（デナダ）／何も
ロシア語	He за что（ニェザシュタ）／何てことない
スワヒリ語	Karibu（カリブ）／歓迎される Bila asante（ビラアサンテ） ありがとうはいらないよ

ドイツ語
Danke（ダンケ）
感謝

ドイツ語
Bitte（ビッテ）
どうぞ

5 いろいろな謝罪のことば

人にあやまったり、許しをもとめたりするとき、「ごめん」「ごめんね」「ごめんなさい」などといいます。外国ではどうでしょう。

鎌倉時代からつかわれることば

「ごめん」は、「許す」という意味の「免」に敬語の「ご」がついたことばです。このことばができた頃は、「ごめんあれ」「ごめん候へ」などといわれていました。それがしだいに「ごめんくだされ」、またはその省略の「ごめん」が多くなっていきました。もともとは、許してくれる目上の人の寛大さを期待して敬意をこめてつかわれていましたが、しだいに「ごめん」の「ご」に尊敬の意味がなくなり、「ごめん」を目上の人に対してつかわなくなりました。そして、鎌倉時代頃からは現代のあいさつことばに近いつかい方でつかわれるようになったと考えられています。

「ごめんなさい」

「ごめんなさい」は、「ごめん」に、「なさる」から変化した「なさい」がついて、「どうかあなたの寛大さで許してください」と願うことばになったのです。

よその家などを訪ねるときに「ごめんください」というのは、「わたしがおじゃますることを許してください」という意味でつかわれていると考えられます。

「すみません」と「ごめんなさい」

「すみません」は、「それだけではおしまいにできない」「納得できない」といった自分の気持ちを前面に出していうことばです。

一方「ごめんなさい」は、相手に自分のすること、してしまったことを許してくださいとお願いするときのことばです。

「ごめんなさい」と「申しわけない」

「ごめんなさい」は、あやまる気持ちを表すことばで、友だちどうしなどでつかうことが多く、目上の人に対してはあまりつかわれません。親しい間柄では「ごめん」だけでつかわれます。

一方「申しわけない」は、相手が目上でも目下でも、自分のことで迷惑や負担をかけて「いいわけのしようがない」という意味で、おわびやお礼の気持ちを表すことばです。「申しわけない」は、ていねいにいうと「申しわけありません」となります。

「ごめんなさい」にあたる外国語

　日本語の「ごめんなさい」にあたる世界の国々（くにぐに）のことばは、次のとおりです。

韓国語（かんこくご）	ミアンハムニダ 미안합니다／ごめんなさい
中国語	ドゥイブチイ 对不起 あなたの期待にそむいてしまう
英語（えいご）	アイム サリィ I'm sorry わたしは申しわけなく思っています
ドイツ語	エントシュルディグング Entschuldigung 許（ゆる）してください
フランス語	エクスキュゼ モア Excusez-moi わたしを許してください
イタリア語	スクーズィ Scusi／許してください
スペイン語	ペルドン Perdón／許してください
ロシア語	イズヴィニーチェ Извините／許してください
スワヒリ語	サマハニ Samahani／許してください

39

スワヒリ語
サマハニ
Samahani
許（ゆる）してください

6 「おめでとう」

日本語の「おめでとう」は、「めでたい」に「お」をつけたことばです。「めでたい」は、「めづ」という古いことばに「いたし」がついた「めでいたし」が変化したことばです。

「おめでとう」の語源

「めづ」は、「ほめる」という意味の古いことばです。「いたし」は「程度がすごい」を意味することから、「めでたし」は「たくさんほめるべきである」という意味となります。それが、いつしか「祝うべきである」の意味にかわり、いまの「めでたい」になったと考えられています。

日本では、「新年おめでとう」「誕生日おめでとう」「合格おめでとう」「入学おめでとう」「卒業おめでとう」など、さまざまなお祝いごとのとき、「おめでとう」が昔からつかわれてきました。

きまったことばがない国も多い

韓国語の「축하해요」や、中国語の「恭喜」も、日本語の「おめでとう」と同じようにつかわれることばです。しかし、世界では、こうしたきまったことばをつかう国は少なく、お祝いごとによって、それぞれ異なったいい方をするのが普通です。たとえば英語では、誕生日のお祝いを「Happy birthday」といい、クリスマスのお祝いは「Merry Christmas」という具合に、お祝いごとによって表現がかわるのです。

次は、世界の国々の誕生日のお祝いのことばです。

ドイツ語	Herzlich Glückwunsch zum Geburtstag あなたの誕生日に心からお祝いを
フランス語	Joyeux anniversaire たのしい誕生日
イタリア語	Buon compleanno よい誕生日を
スペイン語	Feliz cumpleaños しあわせな誕生日
ポルトガル語	Feliz aniversário しあわせな誕生日
ロシア語	С днём рождения 誕生日を（お祝いします）

英語
Happy birthday
しあわせな誕生日

7 「がんばれ」

「がんばれニッポン！」というように、日本人は「がんばれ」「がんばってね」ということばをよくつかいます。「がんばれ」は、外国ではどういうのでしょう。

たくさんの意味の「がんばれ」

「がんばる」は、「くじけずにやりぬこうとする」意味です。語源は、「眼張る」という説と、東北の方言の「けっぱる」という説があります。

「がんばれ」は、ほかの人に「どこまでもたえて努力しなさい」と伝えたいときにつかわれます。

日本人は、苦しい状況にある人に対して「がんばれ」といって、あいさつことばのようにつかいます。ところが、世界には日本語の「がんばれ」のようなきまったことばがない国がほとんどです。

日本語の「がんばれ」と似たつかい方としては、中国語の「加油（儿）（ジアヨウ アール）」があります。スポーツでは、「加油（儿）」のほか、「拼命努力（ピンミンヌウリー）」（「目標にむかって最後までがんばれ」といった意味）がつかわれます。「ひけをとるな」という意味の「不甘落后（ブーカンルオホウ）」もあります。しかし、日本のようにきまったあいさつことばとして「がんばれ」をいう国はないようです。

「がんばったね」と「ごくろうさま」

「がんばったね」は、一所懸命（いっしょけんめい）にやり通した人に対していうことばです。一方、「ごくろうさま」は、自分に対して益（えき）をもたらしてくれた人を「どうもごくろうさまです」とねぎらうときに用いることばです。

日本語では、これと似（に）たことばとして、「おつかれさま」もよくつかわれます。これには大きく2種類（しゅるい）の用法（ようほう）があります。

> ①他人がなんらかの労働（ろうどう）や作業に従事（じゅうじ）したのをねぎらう用法。
> ②共同（きょうどう）で労働や作業をおこなった人どうしがたがいをねぎらう用法。

出典：大辞林

中国語

加油（儿）！（ジアヨウ アール）

油をくわえる

41

サッカーを応援するときの外国語の「がんばれ」

　スポーツの国際試合などでは、それぞれの国のことばで応援する光景が見られます。自国の文字をかいたプラカードや旗をつかって応援することもあります。これは、対戦相手の選手にとっては、応援のことばや文字がわからないことがよけいにプレッシャーになるといいます。サッカーの国際試合で、アウェー（相手国）での試合が不利になる理由のひとつが、ここにもありそうです。

ドイツ語

アウフ　ゲーツ
Auf gehts !
いけ

アラビア語　※（右から左へ読む）

أَمْسْ! أَمْسْ!
シムイ　シムイ

いけ　　いけ

サッカーの応援をするレバノンの人々。

あいさつことばとしての「がんばって」

日本語の「がんばれ」の本来の意味は、相手に対し「がまんして努力しなさい」です。ところが今では、わかれ際のあいさつの「じゃあね」と同じようにつかう人がいます。

こういう場合にいっていいのかな？

病気で苦しんでいる人に対して「がんばって！」と、ついいってしまいたくなるものです。

地震や災害にみまわれて避難生活をおくるなか、前向きに生きる人々を見ると、わたしたちは「がんばってください」といいたくなります。それは素直な気持ちからです。しかし、自らがんばっている人にとって、気楽に「がんばって！」といわれるのは、気分のよいことではないこともあります。

世界には飲み水が手に入りづらい国が多くあります。毎日数キロメートルもはなれたところに水をくみにいかなくてはならない場所では、水くみは子どもの日課です。そのようすを見れば、心のなかで「がんばれ！」とさけびたくなります。

「がんばって」を訪ねて

以前筆者は、「がんばって」ということばを「訪（尋）ね」て、東京外国語大学、大阪外国語大学の先生や留学生にきいてまわったことがあります。しかし「がんばって」＝「○○○○」と即答した人はいませんでした。理由は、「がんばって」にあたることばは、場面によって異なるからです。

中国語では、「最後まで目標に向かってがんばれ！」という意味では「拼命努力」といいますが、「脱落せずにがんばれ！」なら「不甘落后」となり、スポーツの応援のときの「ファイトを出せ！」という意味では「加油（儿）！」をつかいます。ベトナム語の「がんばれ」は「Cố gắng lên」です。「がんばる」と「上がる」のふたつのことばでできています。

英語の「がんばれ」は、場面によって「Take it easy」や「Cheer up！」（おもにアメリカ）などがつかわれます。

ロシア語の「がんばれ」には、「持ちこたえてください」という意味の「Держитесь」があります。

8 「はじめまして」

日本語の「はじめまして」は、「はじめてお目にかかりまして」からきたことばですが、外国語ではどうでしょう。

日本語と同じと違い

　中国語では、はじめて会った人に対しては、たいてい「初次見面」といい、韓国語では、「처음 뵙겠습니다」といいます。これらは、日本語の「はじめまして」とほぼ同じつかい方です。

　ところが、英語を話す人たちは、「I am glad to see you（あなたに会えてうれしいです）」や「How do you do?（いかがおすごしですか？）」を、はじめて会ったときによくつかいます。また、フランス語では、「Enchanté（会えてうれしいです）」といいます。また、「こんにちは」にあたる「Bonjour（よい日）」もよくつかわれます。「こんにちは」にあたることばを初対面の人にもつかう国は、フランス以外にも多くあります。

　次は、はじめて会ったときにつかわれる英語の例です。

（It is） Nice to meet you 会えてうれしいです
Good to see you ／会えてうれしいです
It's an honor to meet you お会いできて光栄です
It's a pleasure ／光栄です

フランス語

Enchanté
会えてうれしいです

9 「よろしくお願いします」

「よろしく」は、「適当に」「うまい具合に」で、相手に適切な配慮を願ったり期待したりするときにつかう、日本語独特のあいさつことばです。

外国語に訳せない

ことばというのは、それぞれの国や民族が長い時間をかけてつちかってきた考え方や習慣、宗教などと深く関わっています。「よろしくお願いします」や41ページの「がんばれ」などは、その代表的なことばといえます。そのため、外国語にそのまま訳すことができません（実は、このことは、この本全体を通じていうことができます）。

「よろしくお願いします」は、中国語には「**请多关照**（どうぞ特別の関心／優待をお願いします）」という、比較的日本語に近いことばがあります。しかし、英語やヨーロッパの言語では、日本語の「よろしく」にあたるあいさつことばをつかう習慣はありません。

それでも「こういうときには、こういう」式（→p16）に「よろしくお願いします」にあたることばをさがしてみることはできます。すると、英語を話す人たちは「**(It is) Nice to meet you**（あなたにお会いできてうれしいです）」などといいます。そのほかの外国語は、下のとおりです。

ドイツ語	Freut mich わたしにとってよろこびです
イタリア語	Piacere ／よろこび
スペイン語	Mucho gusto たくさんのよろこび
ポルトガル語	Muito prazer たくさんのよろこび
ロシア語	Очень приятно とてもうれしいです

45

ポルトガル語

Muito prazer

たくさんのよろこび

さくいん

■後記

　筆者は、16ページで「日本語にある表現がそのまま外国語にもあるとは限りません。むしろ『いってらっしゃい』など、外国にはそもそもそういうあいさつをする習慣がないことも多い」と記しました。また、45ページでは、「よろしくお願いします」や「がんばれ」などは、外国語にそのまま訳すことができないことを書きました。

　最後に、ひとつの日本語の表現にひとつの外国語の表現があると考えてはいけないと繰り返しておきたいと思います。日本でも外国でも、同じシチュエーションなら、どういうフレーズ（表現）がつかわれるかを考えることが重要です。それでも、人々があいさつことばにこめる意味を知ることは、大事。そう考えて、この本を著しました。

　本書を脱稿した日、トルコ・イスタンブール空港でのテロが報じられました。犯人グループどうしでは、どんなあいさつをかわしているのでしょうか。「السلام عليكم あなた方の上に平和（平安）あれ」なのでしょうか。

2016年6月29日　稲葉茂勝

●著／稲葉 茂勝（いなば しげかつ）

1953年東京都生まれ。大阪外国語大学、東京外国語大学卒業。国際理解教育学会会員。子ども向け書籍のプロデューサーとして多数の作品を発表。自らの著作は、『世界の言葉で「ありがとう」ってどう言うの？』など、国際理解関係を中心に著書・翻訳書の数は80冊以上にのぼる。

●編集・デザイン／こどもくらぶ（関原瞳・矢野瑛子）

「こどもくらぶ」は、あそび・教育・福祉・国際理解分野で、子どもに関する書籍を企画・編集しているエヌ・アンド・エス企画編集室の愛称。これまでの作品は1000タイトルを超す。

●制作／（株）エヌ・アンド・エス企画

●写真協力（敬称略）

Antoine Schaefers、アフロ、石川顕法、岡本央、韓国観光公社、共同通信社、国際協力機構（JICA）、国際労働機関（ILO）、スイス政府観光局 photo-image.ch、世界保健機関（WHO）、土屋新太郎、日本赤十字社、ニュージーランド政府観光局、ハンガリー政府観光局、藤川雅行、MAIKEN南アメリカ大陸自然・文化遺産研究所、Makoto Suda、ユニフォトプレス、読売新聞社
©anrymos、©blueperfume、©Chama33、©chihana、©Daniel Ernst、©elmirex2009、©Friedberg、©iofoto、©Jasmin Merdan、©jclopes、©Jörg Hackemann、©kltobias、©Marco Corbelli、©Monkey Business、©Pavel Losevsky、©photophonie、©Rawpixel、©sborisov、©Tan Kian Khoon、©upyanose、©waldemarus、©WavebreakmediaMicro - Fotolia.com
©Adrian Radu、©Alan Gignoux、©Americanspirit、©Andi Berger、©Angela Ostafichuk、©Anke Van Wyk、©Bennymarty、©Dmytro Zirkevych、©Dtguy、©Dvrcan、©Emanuel Corso、©Ferdinand Reus、©Jajaladdawan、©Kdshutterman、©Kolotype、©Lentolo、©Lowlihjeng、©Maciej Bledowski、©Miguel Angel Morales Hermo、©Monkey Business Images、©Nyul©Oleg Kirillov、©Olga Sapegina、©Parinyabinsuk、©Presse750、©Romrodinka、©Romrodinka、©Sebastian Czapnik、©Sjors737、©Sonya Etchison、©Szccstudio、©Waihs、©Znm｜Dreamstime.com

●参考文献

『子どもの写真で見る世界のあいさつことば—平和を考える3600秒』、『子どもの写真で見る世界の応援メッセージ—国際社会で何ができるか考える3600秒』、『世界の言葉で「ありがとう」ってどう言うの？』（今人舎）、『きみにもできる国際交流』全24巻（偕成社）、『さがし絵で発見！世界の国ぐに』全18巻（あすなろ書房）、『世界のことばあそび』全5巻（旺文社）、『世界の文字と言葉入門』全16巻（小峰書店）、『はじめての外国語（アジア編）』全4巻（文研出版）

世界のあいさつことば学　「こんにちは」「がんばれ」「ありがとう」など いっぱい　NDC801

2016年8月8日　第1刷
2025年7月20日　第6刷

著　／稲葉茂勝
発行者／中嶋舞子
発行所／株式会社 今人舎
　　　186-0001　東京都国立市北1-7-23　TEL 042-575-8888　FAX 042-575-8886
　　　E-mail nands@imajinsha.co.jp　URL http://www.imajinsha.co.jp
印刷・製本／TOPPANクロレ株式会社